かわいい・かんたん・使える！
手ぬいのベビーこもの

細川夏子

も・く・じ

この本で使っている布地…………4
仕上がりが可愛くなるもの、あると便利な道具…………4
手縫いに必要な道具…………5

おっぱい＆お食事タイム
* ハートのスタイ…………6
* ふんわりスタイ…………8
* さんかくスタイ…………10
* ポケットつきスタイ…………12
* 授乳用腕カバー…………14

ねんねタイムに
* ひつじのベビーまくら…………16
* 汗とりパッド…………18

おでかけ大好き！
* コットンベビーシューズ…………20
* とんがり帽子…………24
* おしりふきポーチ…………26
* おむつ用巾着…………28

ふんわりくるむもの
* ダブルガーゼ＆パイルのアフガン…………30
* フリースブランケット、お花のコサージュ…………32
* リバーシブルケープ…………34

布のおもちゃ

* リストガラガラ……………36
* くまさんのガラガラ……………38
* くっつきねこちゃん……………40
* リボンタグタオル……………42

かわいい！こもの

* りんごのフォトフレーム……………44
* ドーナツリースのフォトフレーム……………46
* クリスマスリースのフォトフレーム……………47
* ヘッドアクセ……………48
* かぼちゃパンツ……………50

実物大　刺しゅう＆アップリケ……………52
実物大　アルファベット図案……………54
型紙、図案の写し方……………54

型紙 ※200％に拡大して使う型紙
　ハートのスタイ、とんがり帽子、ポケットつきスタイ……………55
　さんかくスタイ、ふんわりスタイ　ひつじのベビーまくら……………56
　リバーシブルケープ、リボンタグタオル（はりねずみ）……………57
　汗取りパッド、かぼちゃパンツ、リボンタグタオル（たいよう）……………58

※実物大型紙
　リストラトル、くまさんのガラガラ、くっつきねこちゃん……………59
　りんごのフォトフレーム、ドーナツのフォトフレーム……………60
　コットンベビーシューズ、かぼちゃのパンツのアップリケ……………61

手縫いの基礎
　縦まつり……………57
　並縫い、本返し縫い、まつり縫い、
　コの字とじ、縫い始めと縫い終わり、ぐし縫い……………62

刺しゅうの基礎
　アウトラインステッチ、サテンステッチ、ダブルクロスステッチ
　チェーンステッチ、バックステッチ、ブランケットステッチ……………63

✲ この本で使っている布地

✲ 綿布（プリント）
いろいろな柄があるので、ベビーに似合うものを選ぶといいですね。ぬいぐるみやベビーシューズが可愛らしく仕上がります。

✲ タオル地
ループ状に織ったものがパイル、パイルをカットしたものがシャーリングです。吸水性にすぐれ、柔らかくて肌ざわりがいいのが特徴。凹凸のあるワッフルや片面がガーゼになったものも。

✲ 4重ガーゼ
四重になったガーゼ生地。ふんわりと柔らかく厚みがあるので吸水性を求めるスタイや寝具にオススメ。ほかに三重ガーゼや六重ガーゼもあります。

✲ ダブルガーゼ
二重になったガーゼ生地。二重にすることで空気を含み、ふんわりと軽く、やさしい肌ざわり。パステルカラーや柄ものも豊富です。

✲ ニット
天竺、フライス、スムースなどがありますが、ベビー用にはスムースニットがオススメ。表裏が同じ編みかたで肌ざわりがよく、なめらかです。

✲ フリース
温かく柔らかいので冬に活躍する素材。布端がほつれないので、糸を使わずに作れる簡単ブランケットに使用しました。

✲ フェルト
アップリケやマスコットづくりに。洗っても縮みにくいウオッシャブルタイプやアイロンで接着するタイプもあります。ベビーが触れるものには糸でしっかりと縫いつけて。

✲ 仕上がりが可愛くなるもの

1 リボン
太いものや細いものを使いわけて。実用にも、おしゃれにも。

2 レース
女の子のこものに。飾りで使うと作品が華やかに。

3 バイアステープ
布から作ることもできますが、市販品を使うと手軽に縁の始末ができます。

4 ワッペン
アイロン接着もありますが、はがれる心配があるときは縫いつけるタイプが安全です。

5 ボタン
実用はもちろん、ワンポイントになるものがいろいろ。布地にしっかりと縫いつけて。

6 25番刺しゅう糸
25番は糸の太さ。一般的な太さで色も豊富です。6本がひとまとめになっていて3本ずつ使うことが多い。

✲ あると便利な道具

1 しつけ糸
本縫いの前にザクザクと縫っておくと作業が楽。あとではずします。

2 スナップボタン
布地に糸で縫いつけるので布地をいためずに取りはずせ、何回でも使えます。

3 ガラガラ用の鈴
赤ちゃんは音の出るおもちゃが大好き。ぬいぐるみなどに入れてあげたい。

4 メジャー
赤ちゃんの体のサイズや布地の寸法を測るのに。カーブ部分も測りやすい。

5 手芸用わた
ぬいぐるみなど立体的なものを作るときに。ポリエステルで軽く、洗濯もできます。

6 ピンセット
ぬいぐるみの手足など、細長い部分にわたを詰めるときに。

7 ひも通し
ひもやゴムがスムーズに通せます。

8 リッパー
縫い直したいときに糸が楽に切れます。縫いつけたボタンの糸を切るのにも便利。

9 目打ち
縫い直すために糸を抜くとき、ポケットつけ位置など布に印として小さな穴をあけるときなど使い道はいろいろ。

10 面ファスナー
マジックテープ®のこと。ワンタッチでとめられ、引っ張ると簡単にはがせます。ベビー用には布時に縫いつけるタイプを。

11 ソフトゴム
ベビー用のパンツなどに。細めで柔らかいタイプを選んで。

✻ 手縫いに必要な道具 ✻

✻ 糸切りばさみ、裁ちばさみ
糸切りばさみは手でにぎれる大きさ。裁ちばさみは布を切るためのもので、紙などを切ると刃先がいたみます。

✻ チャコペーパー、トレーサー
布の上にチャコペーパー、型紙の順に重ねて置き、動かないようにまち針などでとめて型紙の線をトレーサーでなぞります。布地に線が写り、洗えば線は消えます。

✻ チャコペン
布に型紙の線を引いたり印をつけたりするときに。水で消えるタイプと消しペンでしか消せないタイプがあります。

✻ 手縫い糸
ベビーのこものを手縫いする場合は、手縫い用の木綿の糸がいいでしょう。ミシン用の糸でも手縫いに使えますが、手縫い用の糸はミシンには使えません。

✻ 方眼定規、木製定規
方眼定規は透明で方眼が書いてあり、型紙を写すときなどに便利です。小さな木製の定規も小まわりがきくので、用途に応じて使いわけて。

✻ 手縫い針、まち針、ピンクッション
手縫い針は太さと長さがいろいろ。厚い布には太くて長めの針、薄い布には細くて短めの針を。ピンクッションを手作りするなら、中に手芸用わたや毛糸などを入れて。

✻ アイロン、アイロン台
アイロンは布に折り目をつけたり縫い代を割ったり、縫い上がったものの形を整えるための必需品。ベビーこものを作る場合は小型のアイロンやアイロン台が使いやすいでしょう。

笑顔に似合ってキュート
ハートのスタイ

用意するモノ（1枚分）

（表布）綿プリント地……28×38cm
（裏布）4重ガーゼ地……28×38cm

1. 型紙を布に写す

55ページの型紙を200%に拡大コピーし、表布と裏布を中表に合わせた上に置いてまち針でとめ、チャコペンで型紙を写す。

2. 写した線に沿って縫う

返し口 5cm

返し口を5cm残し、1で引いた線に沿って、できるだけ細かく並縫いする。

3. 縫い代をつけて布を裁つ

縫い代分を1cmつけて布を切る。

point 1

縫い代 1cm

縫い代のとがった部分は、ひっくり返したときにかさばるので切り落とす（写真のしるしの部分）。

point 2

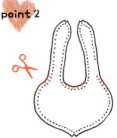

ひっくり返したときに布がひきつらないように、カーブ部分の縫い代に約1cm間隔で切り込みを入れる。

4. 縫い目を整える

返し口から外表にひっくり返し、アイロンで形を整える。ひもの部分を返すときにはピンセットを使うと作業がラク。

5. 返し口をとじる

返し口を、まつり縫いでとじる。

型紙は55ページ

肌ざわりも最高！
ふんわりスタイ

用意するモノ（1枚分）
※写真は2枚分です。

（表布）ダブルガーゼ地……30×30cm
（裏布）タオル地……30×30cm
バイアステープ……11mm幅×72cm
好みのワッペン（アイロン接着タイプ）

1. 型紙を作る

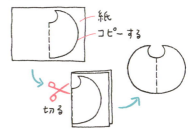

56ページの型紙を200％に拡大コピーし、線に沿って切る。

2. 縫い代をつけて布を裁つ

表布の裏側に型紙を置いてまち針でとめ、チャコペンで型紙を写す。縫い代分を1cmつけて布を切る。裏布も同じようにする。

3. 布を縫う

縫い代を5mm幅に切りそろえる。

表布と裏布を中表に合わせて細かい並縫いか返し縫いで縫い、外表に返して余分な縫い代を切り落とす。

4. バイアステープをつける

首の部分をバイアステープではさみ、端から1mmのところをしつけ糸で仮縫いする。

5. バイアステープを縫いつける

テープの両端は図のように折り、端から3mmのところを縫う。

6. ワッペンをつける

好みで、ワッペンをアイロンでつける。あて布をして、はがれないように、しっかりとつける。

型紙は56ページ

実用＋おしゃれのアクセント
さんかくスタイ

用意するモノ（1枚分）

（表布）綿プリント地……24×38cm
（裏布）4重ガーゼ地……24×38cm

型紙は56ページ

1. 型紙を布に写す

56ページの型紙を200%に拡大コピーし、表布と裏布を中表に合わせた上に置いてまち針でとめ、チャコペンで型紙を写す。

2. 線に沿って縫う

point
返し口を7cm、縫わずにあけておく。

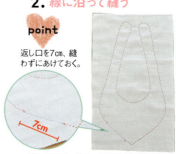

返し口を7cm残し、1で引いた線に沿って細かく並縫いする。返し口をここに作ると、あとで作業がラクです。

3. 縫い代をつけて布を裁つ

縫い代分を1cmつけて布を切る。

4. カーブ部分に切り込みを入れる

布を表に返したときに布がひきつれないように、約1cm間隔で縫い目ギリギリまで縫い代に切り込みを入れる。縫い糸を切らないように注意して。

5. 表に返す

返し口から外表にひっくり返す。ピンセットを使って布地を少しずつ引っ張る。

6. 返し口をとじる

縫い残してあった返し口を、まつり縫いでとじる。このあとアイロンで形を整える。

できあがり♪

おっぱい＆
お食事タイム

離乳食タイムに大活躍！
ポケットつきスタイ

型紙は
55ページ

用意するモノ（1枚分）

[スタイ部分] ダブルガーゼ地…26×37cmを2枚
[ポケット部分]
　綿プリント地…25×13cm
　面ファスナー…縫いつけるタイプを1組
　好みでレース…23cm

1. スタイ部分の型紙を布に写す

55ページの型紙（スタイ ポケット）を200％に拡大コピーし、中表に合わせたスタイ部分の2枚の布の上に置いてまち針でとめ、チャコペンで型紙を写す。

2. 縫い代をつけて布を裁つ

縫いしろ 1cm

縫い代分を1cmつけて布を切る。

3. ポケット部分を作る

ポケット布の裏に型紙をまち針でとめ、チャコペンで型紙を写す。

4. ポケット部分の布を裁つ

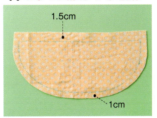

1.5cm
1cm

縫い代分をつけて切る。

5. ポケット入り口を縫う

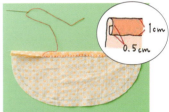

1cm
0.5cm

上部を図のような三つ折りにし、まつり縫いをする。

6. ポケットをつける

中表にしているスタイ部分の布の間にポケット布をはさみ、まち針でとめる。まち針でとめたスタイ布を、返し口6cmを残して細かい並縫いか返し縫いで縫う。

7. カーブ部分に切り込みを入れる

布を表に返したときに布がひきつれないように、カーブ部分の縫い代に切り込みを入れる。

8. 表に返す

返し口から外表にひっくり返し、縫い残してあった返し口を、まつり縫いでとじる。アイロンで形を整える。

9. 面ファスナーをつける

面ファスナーの四すみを丸くカットし、首部分の端に縫いつける。

10. 仕上げる

ポケットにレースを縫いつける。

ママも赤ちゃんも、これで快適
授乳用腕カバー

用意するモノ（2枚分）

フェイスタオル……34×80cmを1枚

1. タオルを切る

フェイスタオルを広げ、縦に半分に切る。

2. タオル1枚で2つ作れる

フェイスタオルを半分にすれば両腕分作れる。

3. 切り口の処理をする

切ったところは三つ折りにしてまち針でとめ、縦まつり縫いをする。

point 1

タオル地の切り口はほつれやすいため、縦まつり縫いをします。

4. 縫う

縦半分に折り、端から1cmのところを細かい並縫いで縫う。

5. 表に返す

表に返して、でき上がり。

アレンジアイディア
ポケットをつけて保冷剤を入れると、ひんやり

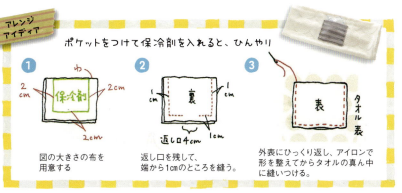

① 図の大きさの布を用意する

② 返し口を残して、端から1cmのところを縫う。

③ 外表にひっくり返し、アイロンで形を整えてからタオルの真ん中に縫いつける。

> ねんね
> タイムに

楽しい夢を見てね
ひつじのベビーまくら

用意するモノ（1枚分）

パイル地……32×24cmを2枚
手芸用わた……約10g
25番刺しゅう糸……適宜

1. 型紙を布に写す

56ページの型紙を200%に拡大コピーし、中表に合わせた布に置いてまち針でとめ、チャコペンで型紙を写す。

2. 型紙に沿って縫う

返し口を12cm残し、細かく並縫いする。

3. 縫い代をつけて布を裁つ

縫い代分を1cmつけて布を切る。

4. カーブ部分に切り込みを入れる

布を表に返したときに布がひきつれないように、縫い目ギリギリまで縫い代に切り込みを入れる。縫い糸を切らないように注意して。

5. 表に返す

返し口から外表にひっくり返す。

6. 顔のステッチをする

刺しゅう糸を3本どりにし、型紙のように顔をアウトラインステッチする。

7. わたを入れる

縫い残しておいた返し口から、わたを入れていく。

8. 返し口をとじる

縫い残してあった返し口を、まつり縫いでとじる。

9. おなかを丸く縫う

ひつじのおなかの部分を円形に並縫いして、くぼみをつける。

> 型紙は
> 56ページ

赤ちゃんは背中に汗をかきます
汗とりパッド

用意するモノ（1枚分）

ガーゼ地……25×38cm
タオル地……25×38cm
好みのワッペン（アイロン接着タイプ）

1. 型紙を布に写す

58ページの型紙を200%に拡大コピーし、中表に合わせたガーゼとタオル地に置いてまち針でとめ、チャコペンで型紙を写す。

2. 縫い代をつけて布を切る

定規で縫い代分の1cmをはかり、チャコペンでしるしをつけて布を切ると、失敗せずに切れる。

3. でき上がりを細かく縫う

でき上がり線に沿って細かく並縫いする。返し口用に7cmほど縫わずに残す。

4. カーブ部分に切り込みを入れる

布を表に返したときに布がひきつれないように、カーブ部分の縫い代に、はさみで切り込みを入れる。

point

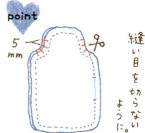

5mm　縫い目を切らないように。

カーブ部分に約5mm間隔で3〜4カ所、縫い目ギリギリまで縫い代に切り込みを入れる。

5. 表に返す

返し口から外表にし、縫い残してあった返し口を、まつり縫いでとじる。

6. ワッペンをつける

ワッペンを好みの位置にアイロンでつける。あて布をして、はがれないように、しっかりとつける。

型紙は58ページ

ふきんで作るのもオススメ

ふきんは……
- かわいい柄が多い
- 汗をよく吸う
- 洗濯に耐える
- やわらかい素材が多い
- サイズがぴったり

ねんね
タイムに

あんよ前のベビーのために
コットンベビーシューズ

用意するモノ（1足分）

(表布)綿プリント地……38×32cm
(裏布)ダブルガーゼ地……38×32cm
飾りボタン……2個
スナップボタン……2組

1. 型紙を布に写す

61ページの型紙をコピーし、表布と裏布を中表に合わせた上に置いてまち針でとめ、チャコペンで型紙を写す。表布にだけベルト（8×4cmを2枚）を書く。

point 1

型紙を写真のように置けば、布がむだになりません。

型紙は
61ページ

2. 縫い代をつけて布を裁つ

ベルト以外はすべて縫い代分を1cmつけて布を切る

3. かかとを縫う

側面の布を中表にし、端から1cmのところを細かい並縫いで縫い（もっとしっかり縫いたい場合は返し縫いで）、縫い代をアイロンで割る。

point 2

アイロンで縫い代を割ると、その後の作業がラクです。

4. 底と側面を縫い合わせる

point 3

かかとと底を縫った側面を中表で縫い合わせる。つま先は、ぐし縫いする。

ギャザーを寄せると、立体的に仕上がります。

側面布と底布の縫い合わせ方

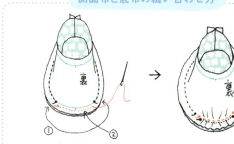

イラストの①の矢印から矢印の間は縫い合わせず、②のように側面布だけ、ぐし縫いする。

側面布にギャザーを寄せて底布と同じ長さにし、縫い合わせる。

5. ベルトを作る

イラストのようにベルトを作る。

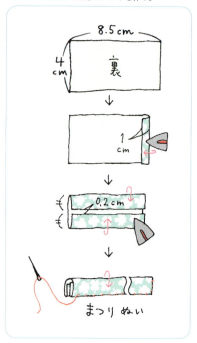

6. ベルトを仮どめする

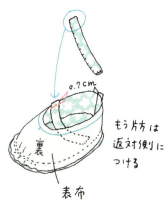

ベルトを内側に仮どめする。このあと布をひっくり返すので、必ず内側につける。もう片方は反対側につける。左右が逆になるので注意して。

7. 表布と裏布を縫い合わせる

point 4

表布と裏布を中表に合わせ、返し口を3cm残して縫い合わせる。足の甲にあたるカーブ部分に、約5mm間隔で切り込みを入れる。

カーブ部分に切り込みを入れると、外表に返すのがラク。

8. 仕上げる

外表に返して返し口を閉じる。最後に飾りボタンとスナップボタンを、とれないようにしっかりとつける。ベルトの長さは赤ちゃんの足に合わせるといいでしょう。

結び目がポイント！
とんがり帽子

用意するモノ（1つ分）

スムースニット……26×32cmを2枚
ソフトゴム……0.8cm幅を42cm

1. 型紙を布に写し、縫い代線を書く

55ページの型紙を200％に拡大コピーし、布を中表に折って重ねた上に置いてまち針でとめ、チャコペンで型紙を写す。その0.6～0.7cm外側に縫い代線を書く。

2. 布を裁つ

1で書いた縫い代線に沿って布を切る。

縫い代線 0.6～0.7cm
縫い線
3cm

3. 縫う

縫い代 0.6～0.7cm

型紙をはずし、細かい並縫いで縫う。

4. かぶり口を作る

かぶり口になる部分を写真のように折り、上からアイロンをかけて布に折り目をつける。

point
2cm
1cm

5. ゴムを通す部分を作る

うら
2cm

ゴムを入れる部分を2cmほど残し、かぶり口を縦まつり縫いする。

6. ゴムを通す

1.5cm 重ねてぬいとめる

2cm縫わずにおいた部分からゴムを通し、ゴムの端を重ねて縫い合わせる。

7. 先を結ぶ

外表にひっくり返し、先の細い部分をキュッと結ぶ。

型紙は55ページ

お出かけ大好き！

用意するモノ（1つ分）

綿プリント布……2種類を各17×37cm
ひも……35cm
ボタン……1個

1. 布を切る

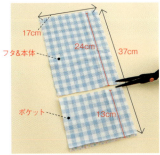

布を2種類とも、フタと本体、ポケットのサイズに切る。

2. ポケットに窓を作る

ポケット用の布2枚を中表に重ね、中央に8.5×4.5cmの四角形をチャコペンで書く。

3. 窓を縫う

チャコペンで書いた線に沿って、細かい並縫いで縫う。

4. 窓をあける部分を決める

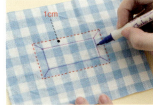

並縫いから1cm内側にしるしをつける。この部分が窓になる。

5. 窓を作る

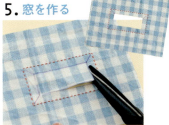

4でつけたしるしの部分を切って窓をあける。ひっくり返すために、四すみにも切り込みを入れる。

6. ひっくり返す

窓に布を1枚くぐらせ、外表にひっくり返す。

7. 形を整える

アイロンで形を整えると、きれいに仕上がる。

8. ポケット上部を縫う

2枚の布の上辺を内側に1cm折り、並縫いする。

9. 本体とポケットをつける

フタ&本体用の2枚の布を中表に合わせて間にポケットをはさみ、返し口を残して細かい並縫いで縫う。

10. 端を切る

フタ&本体の四すみを丸くカットする。こうすると、ひっくり返したときにもたつかない。

11. ひっくり返す

返し口から外表にひっくり返す。

12. 返し口を縫う

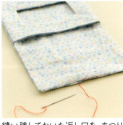

縫い残しておいた返し口を、まつり縫いで縫う。

13. ひもとボタンをつける

ひもをフタに縫いつけ、縫ったひもの先端が見えないようにボタンをつける。

お出かけ大好き！

かさばるおむつをスッキリしまえる
おむつ巾着

用意するモノ（1つ分）

表布……32×65cm
裏布……32×65cm
リボン……1.2cm幅を2m

1. 布を切る

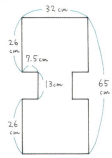

表布と裏布、どちらも図のように切る。

2. 両わきを縫う

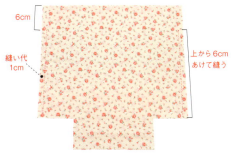

6cm
縫い代 1cm
上から6cmあけて縫う

表布も裏布も中表に半分に折り、両わきを細かく並縫いする。

3. まち部分を縫う

縫い代を開いて、1cm幅にまち部分を縫う。

布を立てて、横から見たところ。

4. 表布と裏布を重ねる

縫い代 1cm
ひも通し口 2.5cm
2.5cm
2.5cm 1cm

写真のように表布と裏布を中表にして重ね、イラストを参考にして入れ口部分を縫う。

5で布をひっくり返すので、図のように上から2.5cmあけて縫う。ここが、ひも通し口になる。

5. ひも通し部分を縫う

2.5cm 2.5cm
ひも通し口 2.5cm

ひも通し口から布を外表にひっくり返し、ひもを通す部分を図のように縫う。ひっくり返しにくい場合はピンセットを使っても。

6. リボンを通す

ひも通し部分にリボンを通して結ぶ。

中にはMサイズの紙おむつ4枚とミニサイズのおしりふきが入ります。

29

赤ちゃんにかけたり、くるんだり
ダブルガーゼ＆パイルのアフガン

用意するモノ（1枚分）

ダブルガーゼ地……80×80cm、28×28cm
パイル地……80×80cm、28×28cm
好みのワッペン（アイロン接着タイプ）

1. 布を裁つ

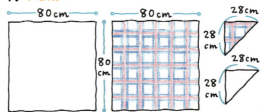

ダブルガーゼとパイルを図のように切る。大きな四角い布がベビーをくるむ部分。三角形はフードになる。

2. フード部分を縫う

フード用に切った三角形の2枚の布を中表に合わせ、三角形の長い辺の1cm内側を、3〜4mm間隔の並縫いで縫う。

point 1

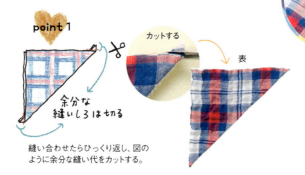

縫い合わせたらひっくり返し、図のように余分な縫い代をカットする。

3. 本体部分を縫う

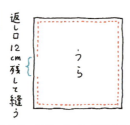

四角い布を中表にし、すみに2を置く。返し口の12cmを残し、3〜4mm間隔の並縫いで縫う。重ねる部分を間違えるとフードが逆になるので、注意して。

4. 余分な四すみをカットする

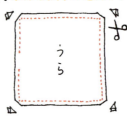

point 2

線を引くと切りやすい

返し口を残して縫った本体の、縫い代の四すみをカットする。

余分な縫い代をカットしないと、表に返したときにでこぼこになります。

5. 外表にひっくり返す

残した返し口から、布を外表に返す。

6. 返し口をとじる

外表に返したら、縫い残してあった部分をまつり縫いでとじる。

7. ワッペンをつける

好みでワッペンをアイロンでつける。あて布をして、はがれないように、しっかりとつける。

ふんわり
くるむもの

お花のコサージュ

用意するモノ
プリントのフリース地
……4×55cm

1. 印をつける

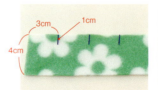

切り込みを入れる位置を端からつける。

2. 切る

印をつけた部分が花びらの形になるように切る。

3. 縫う

切っていない側を縫う。ザクザクの並縫いで大丈夫。

ふんわり
くるむもの

あったか素材でキュートなデザインに
フリースブランケット

用意するモノ（1枚分）

プリントのフリース地……100×130cm
無地のフリース地……100×130cm

1. 布を裁つ

イラストのようにフリース地をカットし、切り込み線を書き入れる。

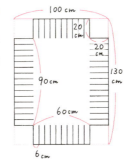

point 1

プリントと無地を重ねて印をつける。

2. 布を切る

1で印をつけた布を2枚重ねたまま、印にそって切り込みを入れる。

3. ひもを結ぶ

ひも状になったプリントと無地の2枚を結ぶ。キュッと結ぶと結び目が小さくなるので、ふんわりと結ぶ。

4. もう一度結ぶ

3で結んだところを、もう一度結ぶ。

5. 同じように繰り返す

周囲をぐるりと結んだらでき上がり。

point 2
結ぶ向きを間違えるとフリンジがキレイに出ないので注意して。

point 3
ふんわりと結ぶ。

4. 縮める

縫い終わったら、糸を引っ張って布を縮める。55cmを35cmに縮める。

5. 丸める

縮めたら針のついていないほうからクルクルと丸める。巻きがあまいと花びらが広げにくいので、しっかりと丸める。

6. 縫いとめる

丸めた花の広がっていない部分を縫いとめる。ここもザックリ縫いで大丈夫。

7. 広げる

花びらを広げる。つぼみの状態でもかわいい。ゴムやリボンをつければでき上がり。

使い方はいろいろ
リバーシブルケープ

ふんわり くるむもの

用意するモノ（1枚分）

ダブルガーゼ地……60×30cmを2枚
面ファスナー（縫いとめるタイプ）…約2cmを2枚

1. 型紙を布に写す

57ページの型紙を200%に拡大コピーし、中表に合わせた布に置いてまち針でとめ、チャコペンで型紙を写す。

2. 縫い代をつけて布を裁つ

型紙をはずしてまち針をとめ直す。縫い代分を1cmつけて布を切る。

3. 線に沿って縫う

返し口は10cm

返し口を10cm残し、1で引いた線に沿って細かく並縫いする。

4. カーブ部分に切り込みを入れる

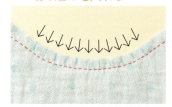

布を表に返したときに布がひきつれないように、首の曲線部分のしるしをつけたところに縫い目ギリギリまで縫い代に切り込みを入れる。縫い糸を切らないように注意して。

5. 表に返す

返し口から布を少しずつ引き出し、外表にひっくり返す。

6. 返し口をとじる

縫い残してあった返し口を、まつり縫いでとじる。

point
縫い目はこんな感じです。

7. 面ファスナーを縫いつける

面ファスナーの角を丸く切り、端に縫いつける。

型紙は57ページ

授乳後にゲップさせるときにも使えます。

お手々が動くと、かわいい音がする
リストガラガラ

型紙は59ページ

用意するモノ（1つ分）

パイル地(無地)……9×18cm
パイル地(ストライプ)……6×18cm
手芸用わた……少々
鈴……直径2.6cmのプラスチック製のもの
面ファスナー（縫いつけるタイプ）…1.2×2.3cm
刺しゅう糸……適宜

1. 型紙を布に写す

59ページの型紙をコピーし、中表に2つ折りにした無地の布に置いてまち針でとめ、チャコペンで型紙を写す。

2. 写した線に沿って縫う

返し口は3cm

返し口を3cm残し、細かく並縫いする。

3. 縫い代をつけて布を裁つ

縫い代分を5mm残して布を切る。

4. 切り込みを入れる

0.5cm

布を表に返したときに布がひきつれないように、図のように縫い目ギリギリまで縫い代に切り込みを入れる。縫い糸を切らないように注意して。

5. 顔のステッチをする

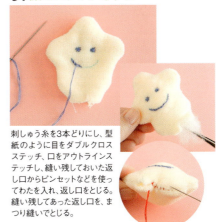

刺しゅう糸を3本どりにし、型紙のように目をダブルクロスステッチ、口をアウトラインステッチし、縫い残しておいた返し口からピンセットなどを使ってわたを入れ、返し口をとじる。縫い残してあった返し口を、まつり縫いでとじる。

バンドを作る

1. 縫う

1cm　3cm

ストライプの布を2つ折りにし、返し口を3cm残して端から1cmのところを細かく並縫いする。

2. 縫い代を切る

布を表に返したときにかさばらないように、角の余分な縫い代を切る。

3. 面ファスナーをつける

返し口から外側にひっくり返し、写真のように面ファスナーを縫いつける。

4. わたを入れる

ピンセットなどで返し口からわたを入れ、縫い残しておいた返し口をとじる。

5. 星に縫いつける

バンドの中央に星を置き、並縫いで縫いつける。

ラムネ菓子の容器を利用して
くまさんのガラガラ

型紙は59ページ

布の
おもちゃ

用意するモノ（1個分）

パイル地……18×8cm
フェルト（黄色）……8×12cm
と直径2.5cmの円形
リボン……適宜
ラムネの容器……1つ
ビーズ……適量
手芸用わた……適宜
25番刺しゅう糸……適宜

1. 型紙を写す

59ページの型紙をコピーし、中表に2つ折りにしたパイル地に置いてまち針でとめ、チャコペンで型紙を写す。

2. 写した線に沿って縫う

細かい並縫いか返し縫いで縫う。下の辺は縫い残して返し口にする。

3. 布を裁つ

縫い代0.5cmをつけて布を裁ち、切り込みを入れる。

point 1

布を表に返したときに布がひきつれないように、図のように縫い目ギリギリまで縫い代に切り込みを入れる。縫い糸を切らないように注意して。

4. 顔のステッチをする

返し口から表にひっくり返し、型紙のようにチャコペンで顔を書き、刺しゅう糸を3本どりにして目はダブルクロスステッチ、鼻と口はアウトラインステッチする。

5. ラムネ菓子の容器にビーズを入れる

振ると音がするものを入れる。くまの顔に鈴を入れてもいい。

6. フェルトでカバーをつける

5にフェルトを巻いてまつり縫いし、底も同様にする。

7. 顔と胴を縫いつける

4にわたを入れ、6を1cmぐらい4の中に入れてまつり縫いする。

8. リボンを巻く

リボンを巻きつけて後ろ側で縫いつける。

point 2

リボンの端を1cmぐらい折り込んで顔胴体に縫いつけます。

39

布のおもちゃ

なが〜い手がトレードマーク
くっつきねこちゃん

型紙は59ページ

用意するモノ（1つ分）

木綿布……胴体用　ストライプ 20×20cm
　　　　　手用　　無地水色 19×19cm
手芸用わた……適宜
刺しゅう糸……適宜
面ファスナー…2.5×2.5cm（縫いつけタイプ）

1. 型紙を布に写す

59ページの型紙をコピーし、胴体と手、それぞれの布を中表に二つ折りにした上に置いてまち針でとめ、チャコペンで型紙を写す。2種類の布を使う場合は型紙を参照してください。

2. 縫う

型紙をはずし、返し口（手はつけ側、胴体は5cm）を残して、細かい並縫いで縫う。

3. 布を裁つ

縫い代分をつけて布を切る。

point 1

縫った部分から0.5cm分を縫い代として残し、布を切ります。

point 2

カーブ部分に切り込みを入れると布がひきつれません。

4. ひっくり返す

縫い残しておいた返し口から表に返す。ピンセットなどを使って少しずつ布を引き出すとラク。

point 3

返し口の縫い代が内側になるように折り、アイロンをかけておく。

5. 顔のステッチをする

刺しゅう糸を3本どりにし、胴体の片面に、型紙のように目をダブルクロスステッチ、鼻と口をアウトラインステッチする。

6. わたを入れ、返し口をとじる

縫い残しておいた返し口からピンセットなどを使ってわたを入れ、返し口をまつり縫いでとじる。

7. 手をつける

両手を胴体に縫いつけ、2本の手の先に角を丸くカットした直径2cmの面ファスナーを縫いつける。

リボンタグタオル

愛らしい表情で赤ちゃんのお気に入り

型紙は57・58ページ

用意するモノ

(はりねずみ)
パイル地(白)……32×22cmを2枚
リボン……約2.5cm幅、8〜10cm長さを8枚
25番刺しゅう糸……適宜
丸ひも……15cm

(たいよう)
パイル地(白)……22×22cmを2枚
リボン……2.5cm幅、8〜10cm長さを14枚
25番刺しゅう糸……適宜

1. 型紙を布に写す

57ページの型紙を200%に拡大コピーし、2枚の布を中表に重ねた上に置いてまち針でとめ、チャコペンで型紙を写す。

2. 縫い代をつけて布を裁つ

縫い代分を1cmつけて布を切る。

3. タグの位置を決める

1枚の裏側にリボンを置き、まち針でとめる。しっぽになる丸ひももとめておく。

4. タグを縫う

リボンを細かい並縫いで縫いつける。

5. 縫う

もう1枚の布を中表に重ね、返し口を5cmほど残して細かい並縫いで縫う。

6. 切り込みを入れる

布を表に返したときに布がひきつれないように、鼻と足の縫い代に切り込みを入れる。

7. 表に返す

返し口から指を入れて外表にひっくり返す。

8. 顔を作る

2枚の布をいっしょに、刺しゅう糸3本どりで型紙の位置に目、鼻、口をステッチする。

9. 返し口をとじる

縫い残してあった返し口を、まつり縫いでとじる。

*たいよう

作り方は「はりねずみ」と同じ。2枚の布の間にリボンをはさんで縫いとめるので、リボンがしっかりつきます。

アレンジして、たくさん作りたい
りんごのフォトフレーム

用意するモノ（りんご）

フェルト地(赤)……15×15cmを2枚
フェルト地(緑)……4×6cmを1枚
ボタン……1個
リボン……好みのものを20cm
25番刺しゅう糸……適宜

1. 型紙を写す

60ページの型紙をコピーし、フェルトの上に置いてまち針でとめ、チャコペンで型紙を写す。1枚は中央に円形の窓を書く。

2. フェルトを切る

1で書いた線の通りにフェルトを切る。

point 1
中央の丸い窓を切るときは、フェルトを半分に折って切り込みを入れるときれいに切れます。

3. 縫う

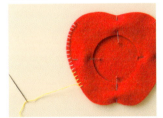

2枚のフェルトを重ねてまち針でとめ、刺しゅう糸3本どりで、周りにブランケットステッチをする。

point 2

写真の入れ口になる上の部分は手前の1枚のみにステッチします。

型紙は60ページ

4. リボンをつける

りんごの上部分の中央にリボンを縫いつける。その上にボタンと葉っぱ（中央に黄色の刺しゅう糸3本どりでランニングステッチしたもの）を縫いつける。

5. でき上がり

ビーズもプラスして
ドーナツリースのフォトフレーム

用意するモノ（ドーナツリース）

フェルト（ベージュ）……15×15cmを2枚
　　　　（茶色）……11×11cmを1枚
リボン（ストライプ）……1.5cm幅を25cm
　　　（オフ白）……好みのものを20cm
ビーズ……適宜
25番刺しゅう糸……適宜

1. 型紙を写す

60ページの型紙をコピーし、フェルトの上に置いてまち針でとめ、チャコペンで型紙を写す。1枚は中央に円形の窓を書く。

2. フェルトを切る

1で書いた線の通りにフェルトを切る。

3. 縫う

ベージュのフェルト2枚を重ねてまち針でとめ。刺しゅう糸3本どりで、周りにブランケットステッチをする。

point 1

写真の入れ口になる上の部分は手前の1枚のみにステッチします。

4. リボンをつける

上部分の中央にリボンを縫いつける。

5. ビーズを縫いつける

茶色のフェルトにビーズを縫いつける。

point 2

裏から見たところ。1本の糸で順に縫いつけます。

6. ボンドで貼る

5と、ちょうちょ結びにしたストライプのリボンをボンドで貼りつける。

型紙は60ページ

7. でき上がり

2種類のリボンとビーズでかわいく完成。

かわいい！こもの

スパンコールもプラスして
クリスマスリースのフォトフレーム

用意するモノ（クリスマスリース）

フェルト地（グリーン）……15×15cmを2枚
リボン（赤）……2cm幅を28cm
　　　（ゴールド）……細いものを20cm
スパンコール……適宜
25番刺しゅう糸……適宜

作り方

60ページのドーナツリースの円形の型紙を使って作ります。表側のフェルトにスパンコールをつけたり雪の結晶のようなステッチしましょう。

おしゃれ心が芽生えた女の子ベビーに
ヘッドアクセ

かわいい！こもの

市販のヘアバンドにつけて ヘアバンド

用意するモノ（1つ分）

リボン……太めのものを30cm
ヘアバンド……1つ

1. リボンの片側を一直線に縫う

リボンの底辺を端から端まで細かい並縫いで縫う。

2. 縮めて、玉どめする

リボンをたぐりながら糸を引っ張り、クシュクシュと縮めたら玉どめする。

3. 巻いて花の形にする

2を巻いて糸で縫いつけ、とめる。バラのような花の形になる。市販のヘアバンドに縫いつける。

かわいいプリント布で ヘアピン

用意するモノ（1つ分）

綿プリント地……10×7cmを2枚
ヘアピン……1個

1. 布にフリーハンドで型紙を書く

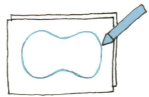

2枚の布を中表に重ね、チャコペンで（好みの大きさや形で）型を書く。布に余白を残す。

2. 縫い合わせて切る

返し口を残して線に沿って並縫いをし、1cmの縫いしろをつけて布を切る。

3. 表に返し、中央を絞る

返し口からピンセットなどで外表にひっくり返し、返し口をまつり縫いでとじ、中央を絞ってちょうちょのようにする。

4. ヘアピンに縫いつける

写真のようにヘアピンに縫いつける。

おむつベビーに、なん枚あっても便利！
かぼちゃパンツ

型紙は58ページ

用意するモノ

木綿地……38×32cmを2枚
ゴムひも……7mm幅を50cm

1. 型紙を布に写す

point 1　同じ布を2枚、中表に重ねてください。

58ページの型紙を200％に拡大コピーし、2枚の布を中表に合わせせた上に置いてまち針でとめ、チャコペンで型紙を写す。

2. 縫い代線を書く

ゴムを通すウエストと足まわりは2.5cm、両サイドは1cmの縫い代をつける。定規を使ってチャコペンで書く。

3. 縫い代線に沿って布を裁つ

2枚の布をまち針でとめ、2で書いた縫い代線に沿って布を切る。

4. 脇と股を並縫いする

最初に両サイドと股のラインから並縫いする。細かく塗って丈夫に仕上げましょう。

5. ゴムを通すところにアイロンをかける

ウエストと足まわりにゴムひもを通すので三つ折りにし、アイロンで折り目をしっかりつける。

6. ウエストと足まわりを縫う

point 2　ゴムの通し口は2cm縫い残します。

三つ折りにしたところを、まつり縫いする。ウエストと両足の3カ所にゴムの通し口を縫い残す。

7. ゴムを通す

point 3

縫い残した通し口からゴムを通す。赤ちゃんの体型に合うようにゴムの長さを調節しましょう。

ゴムを通したらゴムの両端をしっかり縫いとめましょう。

8. 表に返す

外表にひっくり返す。

くまはアイロンで接着するフェルトを61ページの型紙のように切る。

かわいい！
こもの

刺しゅう&アップリケ

かわいさアップをお約束

実物大 刺しゅう図案

お好みの色を選んで、シンプルな布やフェルトにステッチしましょう。
ステッチの刺し方は63ページにあります。

すべてチェーンステッチです。
アルファベットの図案は54ページに。

すべてバックステッチです。

目はサテンステッチ、
鼻と口はアウトラインステッチです。

さくらんぼの実と葉はブランケットステッチ、
茎はアウトラインステッチです。

すべてバックステッチです。
一色でステッチしてもいいですね。

木はアウトラインステッチ。りんごとリスは市販
のワッペンですが、サテンステッチなどにしても。

実物大 アップリケ図案

フェルトを使うことが多いですが、プリント布やリボンを使っても、おしゃれ。アップリケはすべて、まつり縫いで縫いとめます。

リボンをタグのように両端を折り、周囲をまつり縫い。

布端を0.5cmほど折り込み、まつり縫いします。

実物大 アルファベット図案

52ページのアルファベットの刺しゅうをほかの文字で刺したい場合は、こちらの図案を使ってください。

型紙の写しかた

55〜61ページの型紙を使って作品を作りましょう。

1. 実物大型紙を作る

実物大あるいは200%に拡大コピーした型紙を線に沿って切る。

2. 型紙を布に写す

布を広げて型紙を置き、型紙をチャコペンで布に写す。

3. 縫い代分のしるしをつける

型紙をはずして定規で縫い代分をはかりながら、何cmおきかにチャコペンで布にしるしをつける。

4. 縫い代線を書く

しるしをつないで縫い代線を書き入れる。

5. 縫い代線に沿って布を切る

縫い代線が書いてあるので失敗せずに切れる。

形が左右対称なら

①  → ②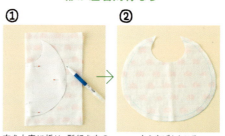

布を中表に折り、型紙を布の「わ」に合わせて置く。

布を広げたところ。

図案の写しかた

布の刺しゅうしたい場所にチャコペーパーを置き、その上にコピーした図案を置いてまち針でとめ、トレーサーで写す。

[型紙] 200％に拡大して使用

[型紙]
200％に拡大して使用

12ページ
ポケットつきスタイ
（2枚）

わ

ポケット口

6ページ
ハートのスタイ
（2枚）

わ

ポケット（1枚）

わ

24ページ
とんがり帽子
（2枚）

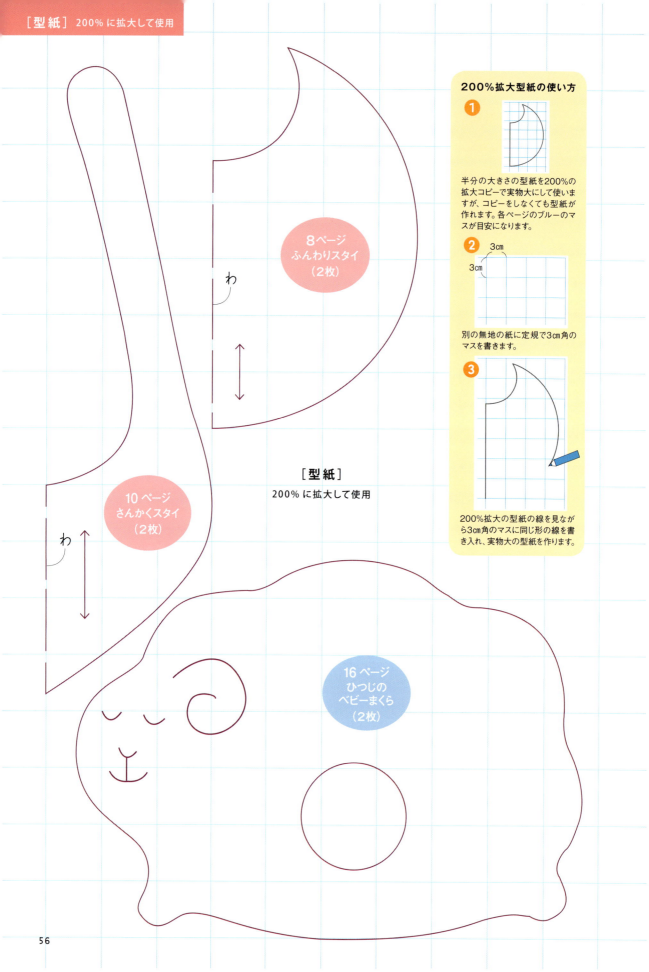

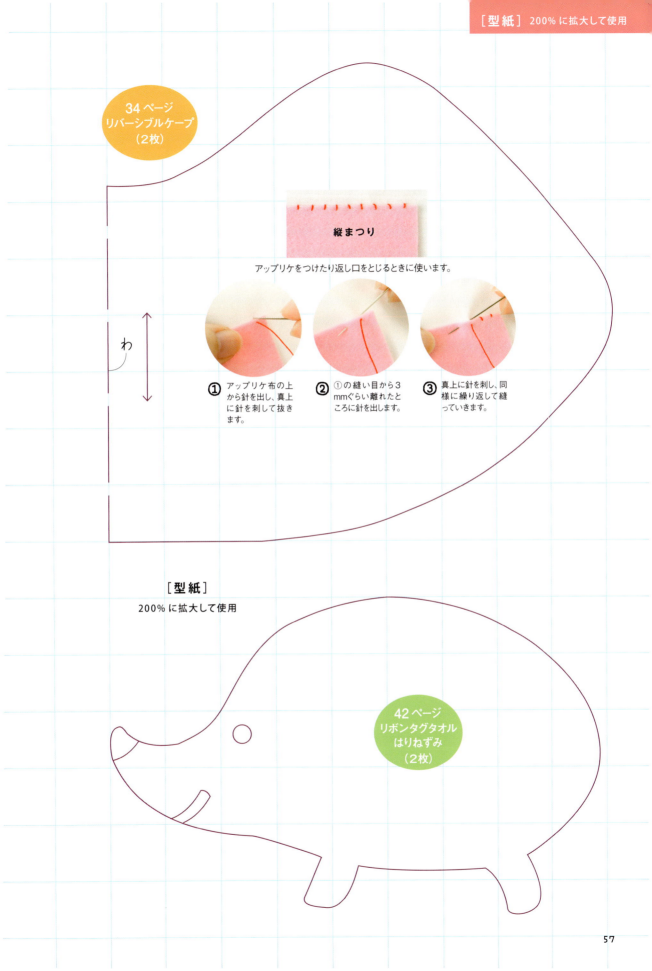

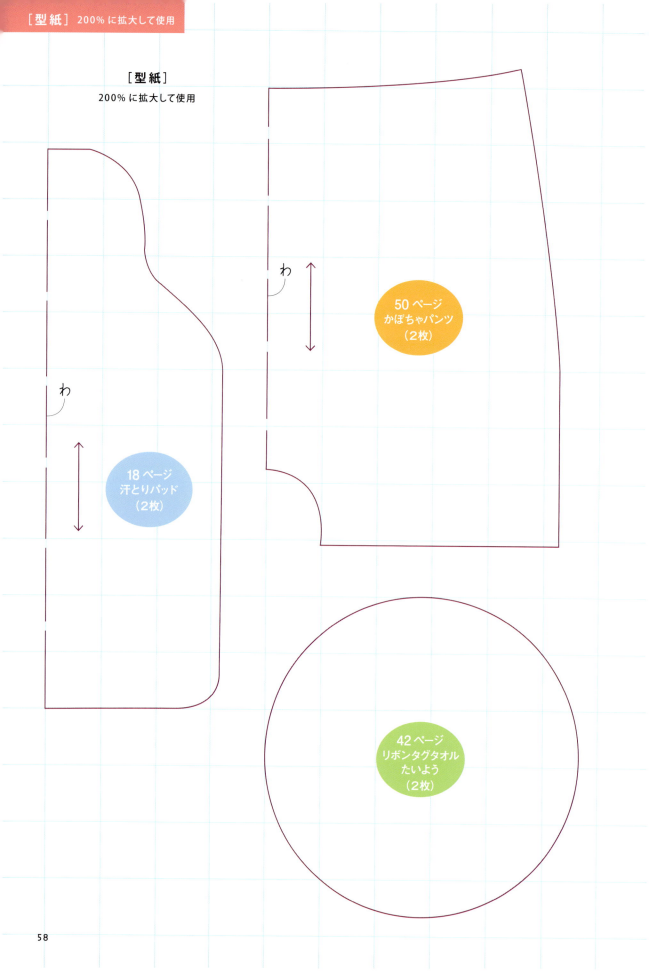

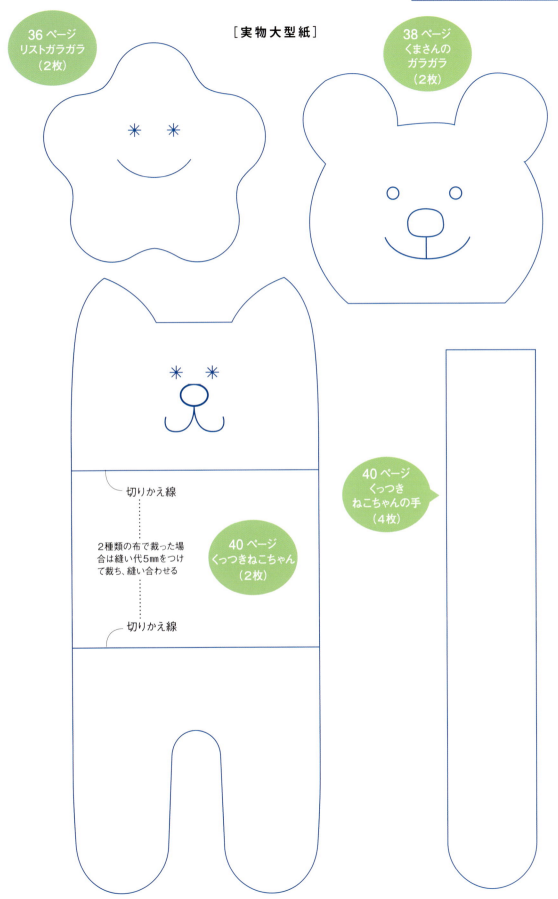

[型紙] 実物大

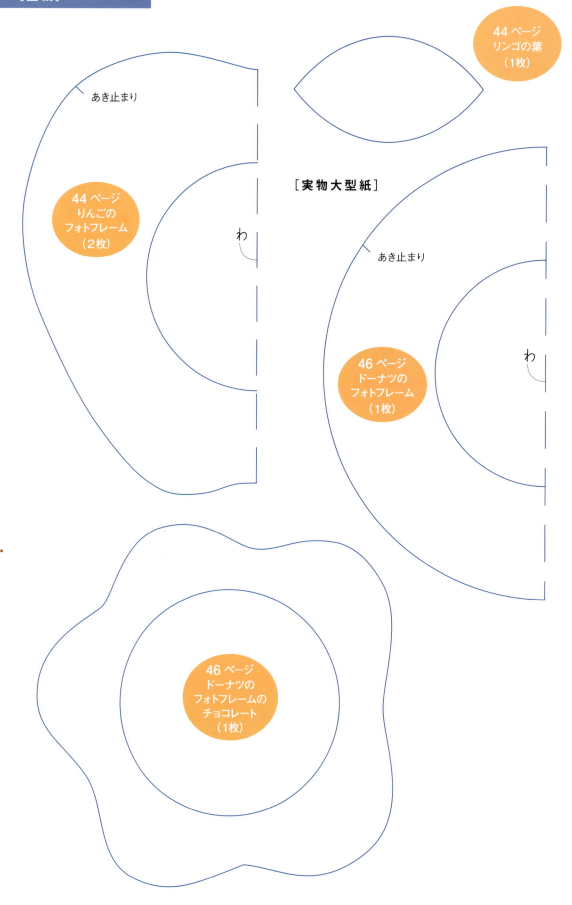

60

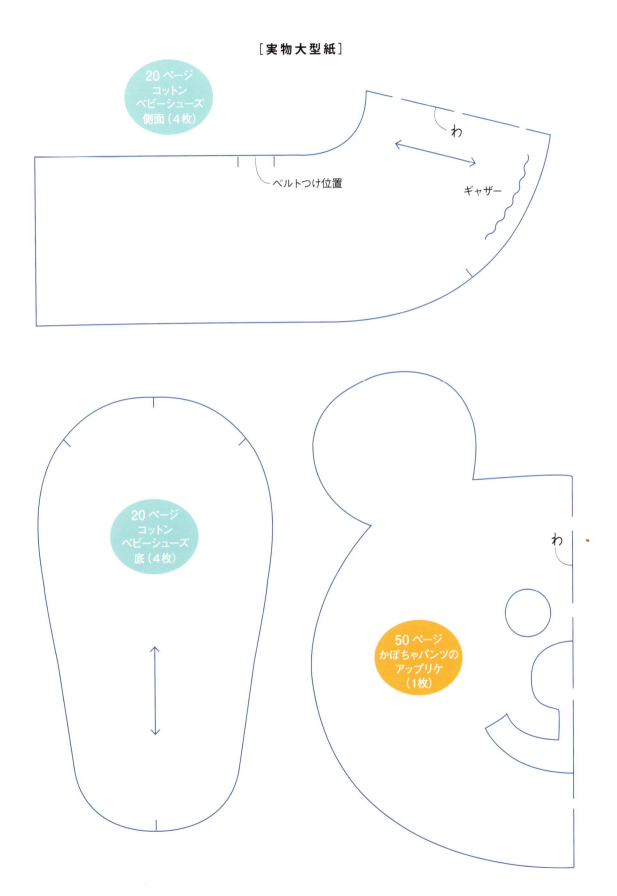

手縫いの基礎

＊ 並縫い

一番よく使う基本の縫い方です。

（表）
（裏）

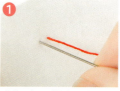
❶ 布地の裏から針を出し、針をまっすぐにして布地に入れます。

❷ 布地の表裏に交互に針を出して縫っていきます。

❸ 型紙の線に沿って等間隔の縫い目になるようにしましょう。

＊ 本返し縫い

厚地の布や、じょうぶに仕上げたいときに。

（表）
（裏）

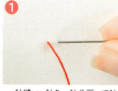
❶ 一針縫い、針を一針分戻って針を入れます。

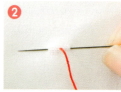
❷ 二針分をすくって針を出します。

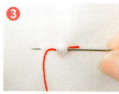
❸ 一針戻り、二針分先に針を出すのを繰り返します。

＊ まつり縫い

三つ折りの布地をとめるときなどに。

（表）
（裏）

❶ 折り山から針を出し、向こう側の布地を小さくすくいます。

❷ つづけて手前の折り山から針を出します。

❸ ①②を繰り返してとめていきます。

＊ コの字とじ

折り山を突き合わせ、返し口や詰め口をとじます。

❶ 一方の折り山から針を出し、反対側をすくいます。

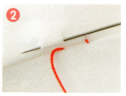
❷ 折り山の中に針を通して交互にすくいます。

❸ 糸を引いて、とじ目が広がらないようにします。

＊ 縫い始めと縫い終わり

縫い端がゆるくならないように返し針をします。

❶ 糸の端を玉結びして一針すくいます。

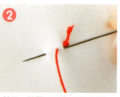
❷ 針を一針戻して縫ってから縫い進めます。

❸ 縫い終わりも一針返して縫い、玉留めします。

＊ ぐし縫い

細かく縫ったり、ギャザーを寄せるときなどに。

（表）
（裏）

❶ 針先を使い、小さな針目で縫います。

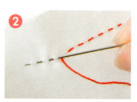
❷ 表裏の針目の大きさをそろえます。ギャザーは両端を引いてちぢめます。

刺しゅうの基礎

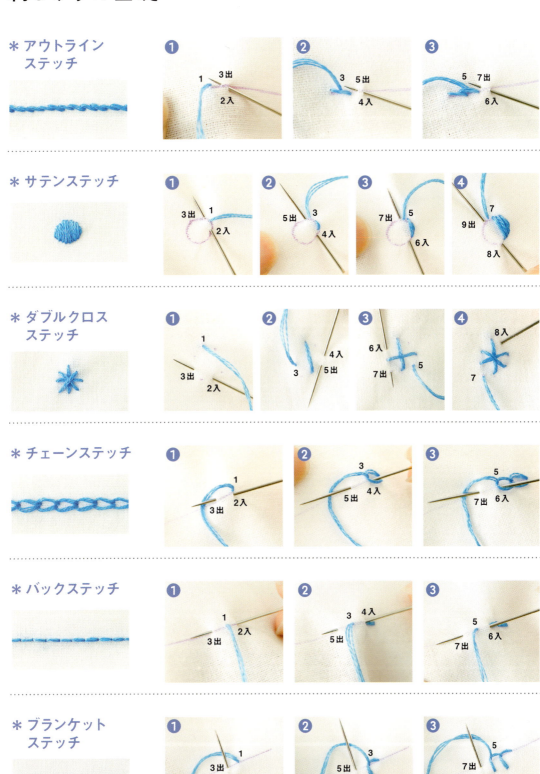

細川夏子 ●ほそかわ・なつこ

神戸市出身。子どものころから絵を描いたり物を作ったりすることが好き。短大卒業後、
会社勤めをするが、阪神・淡路大震災を経験して本当に好きなことをしたくなり、東京へ。
セツ・モードセミナーの美術科とファッション科に入学。在学中から雑誌や広告で手芸作
家＆イラストレーターとして活動している。
http://hosonatsu.web.fc2.com/

♥モデルの赤ちゃんたち

石川和似くん　石橋紡来くん　片山遙仁くん　カレン匠くん　サヴォスチェンコ・ダニエルくん
榊原遼人くん　保坂真玖くん　三口大海くん　森ジャスティンくん
井浪沙良ちゃん　大平美南ちゃん　倉持友里那ちゃん　相馬あおいちゃん　滝吉一花ちゃん
西 菜花ちゃん　吉田理桜ちゃん　ルーカス恵麻ちゃん

ブックデザイン ● 菅沼充恵

撮影 ● 黒澤俊宏　佐山裕子　柴田和宣（以上、主婦の友社写真課）

石川正勝　近藤 誠　澤﨑信孝　鈴木江実子　園田昭彦　森安 照

スタイリング ● 伊藤みき（tricko）

編集担当 ● 小野貴美子

撮影協力 ● AWABEES
〒151-0051 東京都渋谷区千駄ヶ谷 3-50-11 明星ビルディング 5F
TEL：03-5786-1600

手ぬいのベビーこもの

著　者／細川夏子
発行者／荻野善之
発行所／株式会社主婦の友社
〒101-8911　東京都千代田区神田駿河台 2-9
電話（編集）03-5280-7537
（販売）03-5280-7551
印刷所／大日本印刷株式会社

© Natsuko Hosokawa 2015 Printed in Japan ISBN978-4-07-299401-6

Ⓡ ＜日本複製権センター委託出版物＞
本書を無断で複写複製（電子化を含む）することは、著作権法上の例外を除き、禁じられています。
本書をコピーされる場合は、事前に公益社団法人日本複製権センター（JRRC）の許諾を受けてください。
また本書を代行業者等の第三者に依頼してスキャンやデジタル化することは、たとえ個人や家庭内での
利用であっても一切認められておりません。
JRRC＜ http://www.jrrc.or.jp　e メール jrrc_info@jrrc.or.jp　電話 03-3401-2382 ＞

※乱丁本、落丁本はおとりかえします。お買い求めの書店か、
主婦の友社資材刊行課（電話 03-5280-7590）にご連絡ください。
※内容に関するお問い合わせは、主婦の友社（電話 03-5280-7537）まで。
※主婦の友社発行の書籍・ムックのご注文、雑誌の定期購読のお申し込みは、
お近くの書店か主婦の友社コールセンター（電話 0120-916-892）まで。
※お問い合わせ受付時間　月〜金（祝日を除く）9:30 〜 17:30
※主婦の友社ホームページ　http://www.shufunotomo.co.jp/

そ—081002